MEHR**ALS**NUR**RHYTHMUSGITARRE**
LICKS**RIFFS**&**FILLS**

Konstruiere Riffs, Fills & Solos, um die wichtigsten Akkordformen der Rock- & Bluesgitarre

SIMON**PRATT**

FUNDAMENTAL**CHANGES**

Mehr als nur Rhythmusgitarre: Licks, Riffs und Fills

Konstruiere Riffs, Fills & Solos, um die wichtigsten Akkordformen der Rock- & Bluesgitarre

Veröffentlicht von **www.fundamental-changes.com**

ISBN 978-1-78933-118-9

www.fundamental-changes.com

Copyright des Titelbildes: Shutterstock: Roman Voloshyn

Mit besonderem Dank an Jeremiah die wertvolle redaktionelle Mitarbeit.

Inhalt

Einführung

Stell dir vor, du gehst in deinen lokalen Gitarrenladen und holst deine Lieblingsgitarre ab. Als du dich hinsetzt, um sie zu spielen, hörst du Stairway to Heaven von rechts, Sweet Child O' Mine von links und Wonderwall von vorne. Sobald du mit dem Spielen beginnst, scheinen all die unzähligen Stunden des Lernen von Songs und Übungen verpufft zu sein. In meinem Unterricht bezeichne ich dies als das „Gitarrenladen-Syndrom". Natürlich ist dies nicht nur auf den Gitarrenladen beschränkt, sondern tritt immer dann auf, wenn man etwas vorführen und vor Publikum spielen möchte.

Obwohl das Erlernen von Liedern und den dazugehörigen Übungen ein wesentlicher Bestandteil des Gitarrenunterrichts ist, ist das Beherrschen des Zusammenspiels von Rhythmus- und Sologitarre der einzige sichere Weg, um nie wieder unter dem „Gitarrenladen-Syndrom" zu leiden.

In diesem Buch lernst du, wie du offene Akkorde, Kapodaster-Akkorde, Powerchords, Bordun-Töne, Double-Stops, Dreiklänge- und Barré-Akkorde mit entsprechenden Skalenformen und Licks kombinieren kannst.

Ich habe dieses Buch in gattungsspezifische Abschnitte unterteilt, um dir die Orientierung zu erleichtern. Abschnitt eins beinhaltet Grundlagen und konzentriert sich auf die offenen und Kapo-Akkorde, die mit akustischem und folkloristischem Spiel verbunden sind. Abschnitt zwei konzentriert sich auf Blues und Abschnitt drei auf Rock.

Wenn das Kombinieren von Rhythmus- und Leadgitarre neu für dich ist, empfehle ich dir, das Buch von Anfang bis Ende durchzuarbeiten, damit du deine Fähigkeiten auf logische Weise lernen und entwickeln kannst. Wenn du diese Techniken bereits beherrschst und nur nach neuen Ideen suchst, kannst du gerne im entsprechenden Kapitel mit dem anfangen, was dir am meisten zusagt!

Dieses Buch ist voller Ideen, die dich inspirieren sollen, so kreativ wie möglich zu sein. Ich empfehle dir, schaue dir meine Beispiele an und finde deine Favoriten, bevor du diese als Vorlage für deine eigenen Ideen verwendest.

Kombiniere in deinem Übungssystem das Spielen ohne Hilfsmittel, mit einem Metronom, mit Drum-Tracks, mit Backing Tracks und mit anderen Musikern. Dies sorgt für eine abwechslungsreiche Übungszeit, die dir hilft, die Techniken und Ideen dieses Buches anzuwenden.

Das Audiomaterial zu diesem Buch ist unter **www.fundamental-changes.com** verfügbar. Hol es dir, damit du hören kannst, wie ich spiele und jedes Beispiel phrasiere.

Viel Spaß beim Spielen!

Simon

* Alle in diesem Buch vorgestellten Beispiele sind im 4/4-Takt, sofern nicht anders angegeben *

Hol dir das Audio

Die Audiodateien zu diesem Buch können kostenlos unter **www.fundamental-changes.com** heruntergeladen werden, und der Link befindet sich oben rechts auf der Website. Wähle einfach diesen Buchtitel aus dem Dropdown-Menü aus und folge den Anweisungen, um das Audio zu erhalten.

Wir empfehlen dir, die Dateien direkt auf deinen Computer herunterzuladen - nicht auf dein Tablet - und sie dort zu extrahieren, bevor du sie zu deiner Medienbibliothek hinzufügst. Du kannst sie dann auf dein Tablett, deinen iPod legen oder auf CD brennen. Auf der Download-Seite gibt es ein Hilfe-PDF und wir bieten technischen Support über das Kontaktformular.

Über 12.000 Fans auf Facebook: **FundamentalChangesInGuitar**

Instagram: **FundamentalChanges**

Für über 350 kostenlose Gitarrenstunden mit Videos gehe zu:

www.fundamental-changes.com

Erster Abschnitt: Grundlagen

Kapitel Eins – Offene Dur-Akkorde

Ein offener Akkord wird ganz einfach als offen bezeichnet, weil er eine oder mehrere offene (oder leere) Saiten enthält. Die offenen Saiten geben dem Akkord einen unverwechselbaren Klang und werden in verschiedenen Genres wie Pop, Folk, Rock und Country verwendet. In diesem Kapitel zeige ich dir, wie du offene Akkorde mit entsprechenden Skalenformen kombinieren und rhythmische Muster mit Licks und Fills mischen kannst. Die in diesem Kapitel enthaltenen Akkorde sind die grundlegenden offenen Dur-Akkordformen von G, C, D, A und E.

Obwohl das Erlernen offener Akkorde einfach erscheinen mag, sind die Konzepte in diesem Kapitel die Bausteine für alle zukünftigen Kapitel. Wenn du verstehst, wie jedes Beispiel entsteht, kannst du die Ideen in dein eigenes Spiel und in deine eigenen Kompositionen einsetzen, was natürlich das Ziel dieses ganzen Buches ist!

Ich empfehle, dir jedes Audiobeispiel anzuhören, bevor du die in diesem Kapitel vorgestellten Ideen durchspielst. Nimm dir die Zeit, um das ganze Material zu lernen und zu verarbeiten: Kein Grund zur Hektik!

Wenn du mit offenen Akkordformen nicht vertraut bist oder eine Erinnerung benötigst, empfehle ich dir Joseph Alexanders Buch Die ersten 100 Akkorde für Gitarre.

Beispiel 1a zeigt einen offenen G-Dur-Akkord und eine G-Dur-Pentatonik (G A B D E) mit offenen Saiten. Die hier zu sehende offene G-Dur-Pentatonik wird in vielen Beispielen verwendet, also verinnerliche sie, bevor du weitermachst.

Beispiel 1a

Grundlegende Konzepte, um Rhythmus- und Leadgitarre zu vereinen

Schlage zweimal einen offenen G-Dur-Akkord an und füge den aus der offenen G-Dur-Pentatonik gebildeten „Mini-Fill" hinzu. Das hier verwendete Muster ist „Schlag, Schlag, Fill". Dies ist ein nützliches Muster, das du dir merken solltest. Und umso vertrauter es dir wird, umso mehr kannst du es für jeden Akkord und jede entsprechende Skalenform verwenden.

Beispiel 1b

Schlage erneut zweimal den offenen G-Dur-Akkord an, füge aber den Fill der D- und G-Saiten unter Verwendung der offenen G-Dur-Pentatonik hinzu.

Beispiel 1c

Du kannst die beiden vorherigen Beispiele kombinieren, um ein zweitaktiges ‚Schlag und Lick'-Muster zu erstellen. Dies ist in der Folk- und Countrymusik sehr beliebt.

In Beispiel 1d beginnst du mit einem Fill in der offenen G-Dur-Pentatonik und schlägst dann zweimal den G-Dur-Akkord an.

Beispiel 1d

Spiele nun Fill zwei, bevor du den offenen G-Dur-Akkord zweimal anspielst.

Beispiel 1e

Durch die Kombination der beiden vorherigen Beispiele können wir ein zweitaktiges Muster mit der Methode „Fill vor Schlag" erstellen.

Anstatt den gesamten G-Dur-Akkord zu spielen, führt Beispiel 1f ein kleines Arpeggio-Muster ein, gefolgt von einem Fill mit dem offenen G-Dur-Akkord und der G-Dur-Pentatonik.

Beispiel 1f

Beispiel 1g mischt eine offene G-Dur-Pentatonik auf den D- und G-Saiten mit dem vorherigen arpeggierten G-Dur-Akkord.

Beispiel 1g

Um eine Phrase über zwei Takte zu erstellen, kannst du die beiden vorherigen Beispiele kombinieren. Dieses Muster ist Arpeggio - Fill 1 - Arpeggio - Fill 2.

Spiele den Fill der offenen G-Dur-Pentatonik vor dem G-Dur-Arpeggio, um die vorherigen Muster umzukehren.

Beispiel 1h

Verwende nun Fill 2, bevor du das offene G-Dur Arpeggio-Muster spielst.

Beispiel 1i

Du kannst die beiden vorherigen Beispiele zu einem zweitaktigem G-Dur-Rhythmus und Solo-Pattern kombinieren.

C-Dur Fills

Beispiel 1j zeigt einen offenen C-Dur-Akkord, gefolgt von der Skala einer offenen C-Dur-Pentatonik (C D E G A).

Beispiel 1j

Es ist wichtig, dass du lernst, die dir bekannten Muster in verschiedene Tonlagen verschieben und spielen zu können. In Beispiel 1k schlägst du zweimal den offenen C-Dur-Akkord an, bevor du den Mini-Fill mit der Tonleiter der offenen C-Dur-Pentatonik spielst.

Beispiel 1k

Als nächstes schlägst du zweimal den C-Dur-Akkord an, bevor du den Fill auf den G- und B-Saiten mit der pentatonischen C-Dur-Skala spielst.

Beispiel 1l

Um ein zweitaktiges Pattern zu erstellen, kombinierst du die beiden vorherigen Beispiele. Du kannst die beiden Takte auch umkehren, um ein weiteres geläufiges Pop-Pattern zu erstellen.

Wenn du mit einem Fill beginnst, bevor du anschlägst, kannst du das rhythmische Gefühl des Patterns komplett verändern.

Beispiel 1m

Spiele ein offenes C-Dur-Arpeggio, bevor du abwechselnd die Fills in Beispiel 1n spielst.

Beispiel 1n

Spiele nun die Fills vor dem offenen C-Dur-Arpeggio noch einmal mit der offenen C-Dur-Pentatonik.

Beispiel 1o

D-Dur Fills

Spiele einen offenen D-Dur-Akkord, gefolgt von der Skala einer offenen D-Dur-Pentatonik (D E F# A B).

Beispiel 1p

Schlage zweimal einen offenen D-Dur-Akkord an, bevor du Fills in der Skala der offenen D-Dur-Pentatonik spielst.

Beispiel 1q

Spiele die Fills, bevor du die Akkorde in Beispiel 1s anschlägst.

Beispiel 1r

Indem wir die Noten des D-Dur-Akkords einzeln anspielen, erzeugen wir ein Mini-Arpeggio, dem Fills der pentatonischen Tonleiter in D-Dur folgen.

Beispiel 1s

Nachdem du diese einzelnen Akkordformen und die dazugehörigen Skalen und Fills gemeistert hast, ist es an der Zeit, sich eine vollständige Akkordfolge mit den Akkorden G, C und D anzusehen. In jedem Takt passiert das gleiche Muster: ein Anschlagpattern für zwei Schläge (1 und 2) und dann zwei Schläge (3 und 4) mit Fill. Dieses offene Akkordmuster aus G, C und D ist eines der häufigsten im Rock und Pop, also lerne und nutze mein Beispiel, entwickle aber auch deine eigenen Ideen.

Beispiel 1t

A-Dur Fills

Spiele den offenen A-Dur-Akkord, gefolgt von der Skala der offenen A-Dur-Pentatonik (A B C# E F#).

Beispiel 1u

Schlag den offenen A-Dur-Akkord zweimal an, bevor du die Fills mit der offenen A-Dur-Pentatonik spielst.

Beispiel 1v

Spiele die Fills mit der offenen A-Dur-Pentatonik, bevor du zweimal den offenen A-Dur-Akkord anspielst.

Beispiel 1w

In diesem Beispiel spielst du einzeln einige Töne des offenen A-Dur-Akkordes, bevor du den Fill am Ende jedes Taktes hinzufügst.

Beispiel 1x

E-Dur Fills

Dieses Beispiel zeigt einen offenen E-Dur-Akkord und die offene E-Dur-Pentatonik (E F# G# B C#).

Beispiel 1y

Jetzt schlägst du zweimal einen offenen E-Dur-Akkord an, bevor du Fills mit der offenen E-Dur-Pentatonik anwendest.

Beispiel 1z

Diesmal kehrst du das vorherige Beispiel um, indem du jeden Takt mit einem Fill beginnst, bevor du den E-Dur-Akkord zweimal spielst.

Beispiel 1za

Das letzte Beispiel zeigt das Spielen eines E-Dur-Arpeggios, bevor ein Fill aus der offenen E-Dur-Pentatonik verwendet wird.

Beispiel 1zb

In diesem Kapitel habe ich einige grundlegende Möglichkeiten aufgezeigt, wie man offene Akkorde mit den Skalen-Licks auf den offenen bzw. Leersaiten kombiniert. Diese Muster funktionieren für jeden Akkord, nicht nur für offene Akkorde, solange du die richtige Skala kennst.

Unten siehst du eine Grafik der in diesem Kapitel verwendeten Fill-Muster. Darauf kannst du immer wieder Bezug nehmen, wenn du deine eigenen Ideen entwickelst.

Pattern	Anzahl der Takte
Strum Strum Fill 1	1
Strum Strum Fill 2	1
Strum Strum Fill 1 | Strum Strum Fill 2	2
Fill 1 Strum Strum	1
Fill 2 Strum Strum	1
Fill 1 Strum Strum | Fill 2 Strum Strum	2

Kapitel Zwei – Offene Moll-Akkorde

In diesem Kapitel werden wir lernen, wie man Fills zu offenen Moll-Akkorden hinzufügt.

Beispiel 2a zeigt einen offenen e-Moll-Akkord, gefolgt von einer offenen e-Blues-Skala (E G A Bb B D). Wenn du lieber eine Standard-E-Moll-Pentatonik (E G A B D) spielen möchtest, lässt du die Noten in Klammern einfach weg.

Beispiel 2a

In diesem Beispiel zeige ich dir ein Anschlag-Muster auf einem e-Moll-Akkord, gefolgt von einer Pause und einem Fill mit der offenen E-Blues-Skala. Eine Pause zwischen Rhythmus- und Solostimme hilft dir, im Takt zu bleiben, besonders bei höheren Geschwindigkeiten. Wie bei allen Beispielen in diesem Buch, hör dir die Audiospuren an, bevor du es spielst. Und höre, wie ich die einzelnen Töne phrasiere.

Beispiel 2b

Ich stelle immer sicher, dass ich jeden Lick auf viele Arten spielen kann, bevor ich weitermache, um neues Material zu lernen. In Beispiel 2c spielen wir die Fills der E-Blues-Skala bevor wir den Schlagrhythmus spielen, und fügen eine Pause am Ende jedes Taktes hinzu.

Beispiel 2c

Ein Konzept, das ich schon früh hervorheben möchte, ist die Idee, „Double-Stops" zu spielen (zwei Töne gleichzeitig gespielt). Normalerweise verwenden wir beim Spielen eines Fills einzelne Noten, aber durch die Einbeziehung von Double-Stop-Ideen wird unser Lick-Vokabular breiter. Beispiel 2d dreht sich um die offene E-Blues-Skala und einen offenen e-Moll-Akkord.

Beispiel 2d

Kehre das vorherige Beispiel um, um eine weitere offene e-Moll Double-Stop-Phrase zu erstellen.

Beispiel 2e

A-Moll Fills

Spiele einen offenen a-Moll-Akkord, gefolgt von der offenen A-Blues-Skala (A C D Eb E G).

Beispiel 2f

Spiele nun diese a-Moll-Akkordfolge, gefolgt von zwei Fills, die die offene A-Blues-Skala verwenden.

Beispiel 2g

Beginne mit einigen Fills auf der offenen A-Blues-Skala, bevor du ein Anschlag-Muster auf dem a-Moll-Akkord spielst.

Beispiel 2h

Beispiel 2i ist eine Idee, bei der einiges zu tun ist: Double-Stops kombiniert mit einem Fill aus der A-Blues-Skala.

Beispiel 2i

Spiele den Grundton des a-Moll-Akkords, bevor du die oberen vier Saiten anschlägst, und spiele dann die Double-Stop-Fills mit der offenen A-Blues-Skala.

Beispiel 2j

D-Moll Fills

Im Beispiel 2k spielst du den offenen d-Moll-Akkord, bevor du die D-Blues-Skala spielst - merke sie dir.

Beispiel 2k

Wende nun ein anderes Anschlag-Muster auf den d-Moll-Akkord an, bevor du Fills mit der offenen D-Blues-Skala spielst.

Beispiel 2l

Spiele die D-Blues-Fills, bevor du die offenen d-Moll-Akkorde spielst.

Beispiel 2m

Hier in Beispiel 2n habe ich einen d-Moll-Begleitung erstellt, der die offene D-Saite und Double-Stop-Muster innerhalb der Blues-Skala verwendet.

Beispiel 2n

Variiere deinen Sound, wenn du die Beispiele in diesem Buch spielst. Nutze Verzerrung, einen cleanen Sound oder spiele auf einer Akustikgitarre.

Beispiel 2o

Nachdem du einzelne a-Moll-, d-Moll- und e-Moll-Ideen gelernt hast, ist es an der Zeit, sie in einer zweitaktigen Phrase zu kombinieren.

Beispiel 2p

Beispiel 2q verwendet offene a-, d- und e-Moll-Akkorde und die entsprechenden Blues-Skalen, um ein komplexes Pop-Rock-Muster in zwei Takten zu erzeugen.

Beispiel 2q

Von den ausgeklügelteren Beispielen lerne nur ein oder zwei Takte auf einmal, bis sich diese flüssig und natürlich anfühlen. Dann, und nur dann, fügst du einen weiteren Takt oder zwei hinzu, bis du das gesamte Muster ohne Pausen spielen kannst. Beginne rhythmisch langsam, mit etwa 50 Schlägen pro Minute, und verwende ein Metronom, um im Takt zu bleiben.

Beispiel 2r

Beispiel 2s verwendet die drei Akkorde aus dem vorherigen Kapitel G, C, D und ein e-Moll, um eine typische Akkordfolge aus der Popmusik zu erstellen.

Beispiel 2s

Spiele einen Fill, bevor du zwei Schläge auf jedem Akkord von G, e-Moll, C und D spielst.

Beispiel 2t

Spiele nun ein Arpeggio auf jedem Akkord, bevor du am Ende jeden Taktes einen Fill spielst.

Beispiel 2u

Beispiel 2v zeigt ein Anschlag-Muster über vier Takte mit den Akkorden G, e-Moll, C und D und wendet einen Fill aus den entsprechenden Skalenformen an.

Beispiel 2v

Spiele die Fills in diesem Beispiel vor dem Anschlag-Muster.

Beispiel 2w

Das letzte Beispiel verwendet Double-Stops, welchen zwei Schläge pro Akkord vorausgehen.

Beispiel 2x

Neben dem Erlernen der einzelnen Beispiele ist zu beachten, wie jedes Muster aufgebaut ist. Benutze das untenstehende Diagramm als Beispiel, wenn du deine eigenen Riffs erstellst.

Pattern	Anzahl der Takte
Synkopierter Strum / Fill	2
Synkopierter Fill / Strum	2
Doppelgriffe und gezupfte Grundtonnote / Strum	2
Grundnote zupfen / Strum und Doppelgriffe	2
Grundnote zupfen Strum / Doppelgriffe	2
Doppelgriffe / Grundnote zupfen Strum	2

Pop-Quiz

Was sind die Noten in der E-Blues-Skala?

Was ist ein Double-Stop?

In welchem Tempo solltest du anfangen, diese Beispiele zu spielen?

Was sind die Noten in der A-Blues-Skala?

Die Antworten befinden sich am Ende des Buches!

Kapitel Drei – Kapodaster-Akkorde

Offene Akkorde werden durch das Spielen einer oder mehrerer leeren Saiten eingeschränkt, aber durch das Hinzufügen eines Kapodasters können wir die offenen Akkorde in eine beliebige Tonart verschieben.

Du wirst lernen, wie man offene Akkorde in andere Tonarten verschiebt, indem man einen Kapodaster z. B. auf den 4. Bund der Gitarre setzt. Offene Akkorde haben eine Klangqualität, die nicht durch Barré-Akkorde erreicht werden kann und die Beispiele in diesem Kapitel zeigen, was man mit einem Kapodaster in seinem Spiel erreichen kann. Kapodaster eignen sich besonders gut für eine Akustikgitarre und für die Unterstützung eines Sängers, insbesondere im Duo.

In diesem Kapitel kannst du experimentieren, indem du den Kapodaster auf jeden beliebigen Bund bewegst. Wenn du keinen Kapodaster hast, kannst du jedes Beispiel in seiner ursprünglichen offenen Position spielen.

Ich fing an mit einem Kapodaster instrumentale akustische Stücke zu kreieren, nachdem ich Martin Tallstroms Meisterwerk **Summer Breeze** gesehen hatte.

Der Kauf eines Kapodasters

Billige Kapodaster sind Geldverschwendung. Sie passen normalerweise nicht gut und können die Noten unsauber klingen lassen. Ich empfehle Kapodaster von Kyser, aber die meisten Mittelklasse-Kapodaster sollten ausreichend sein. Denke beim Einkauf an das Sprichwort: „Billig kaufen heißt zwei Mal kaufen".

Beispiel 3a zeigt die offenen Dur-Akkordformen von C A G E und D, die aber mit dem Kapodaster am 4. Bund gespielt werden. Die Akkordform wird über dem Diagramm geschrieben und der eigentliche Akkord, den sie mit dem Kapodaster erzeugt, wird in Klammern geschrieben. Zum Beispiel erzeugt eine C-Form, die mit dem Kapodaster am 4. Bund gespielt wird, einen E-Dur-Akkord. Spiele diese offenen Akkordformen zusammen mit der dazugehörigen Audiospur.

Beispiel 3a

Spiele nun die offenen Moll-Akkorde a-Moll, e-Moll und d-Moll.

Beispiel 3b

C-Form Fills

Die folgenden Beispiele zeigen Fills und rhythmische Phrasen in der offenen C-Dur-Form. Mit dem Kapodaster auf dem 4. Bund spielst du in der Tonart E-Dur.

Beispiel 3c

Beispiel 3d

Beispiel 3e

Beispiel 3f

A-Form Fills

Die nächsten Beispiele zeigen Arpeggien, Schlagmuster und Fills in der offenen A-Dur-Form. Mit dem Kapodaster auf dem 4. Bund erzeugt eine offene A-Dur-Akkordform einen C#-Dur-Akkord.

Beispiel 3g

Beispiel 3h

Beispiel 3i

Bands wie REM verwenden folgende Art von gezupften Arpeggios, um das rhythmische Zupfmuster interessant klingen zu lassen. Beachte den einfachen Fill in Takt vier, der das gesamte Muster miteinander verbindet.

Beispiel 3j

G-Form Fills

Die nächsten Beispiele basieren auf der offenen G-Dur-Form. Mit dem Kapodaster auf dem 4. Bund entsteht so ein B-Dur-Akkord.

Beispiel 3k erinnert an den John Mayer-Klassiker ‚Queen of California'. Für den doppelten Hammer-On in Takt eins braucht man etwas Übung, also nimm dir Zeit und arbeite zuerst separat daran.

Beispiel 3k

Beispiel 3l

Beispiel 3m

Beispiel 3n

E-Form Fills

Die folgenden Beispiele zeigen Fills und rhythmische Phrasen in der offenen E-Dur-Akkordform. Mit dem Kapodaster auf dem 4. Bund spielst du in der Tonart G#-Dur.

Bach wurde für seine Verwendung von absteigenden Arpeggio-Mustern bekannt, die der unten gezeigten Idee ähnlich sind.

Beispiel 3o

Beispiel 3p

Beispiel 3q

Beispiel 3r

D-Form Fills

Die nächsten Beispiele zeigen Arpeggien, Schlagmuster und Fills in der offenen D-Dur-Akkordform. Mit dem Kapodaster am 4. Bund wird aus einem offenen D-Dur-Akkord ein Fis-Dur-Akkord.

Slash ist dafür bekannt, interessante Akkordwechsel mit vielen Leersaiten zu spielen. Hör dir als Beispiel das Lied ‚Knocking on Heavens Door' in der Version von Guns N' Roses an. Es klingt so gut, das man von Akkordmagie sprechen kann. Füge dann einen Kapodaster hinzu und spiele ihn am vierten Bund.

Beispiel 3s

Beispiel 3t

Double-Stops klingen fantastisch in der Rock-, Blues- und Countrymusik und erzeugen einen volleren Klang als einzelne Noten. Beispiel 3u klingt großartig auf einer akustischen und einer elektrischen Gitarre und funktioniert sogar gut mit einem Verzerrer.

Beispiel 3u

Beispiel 3v

A-Moll-Form Fills

Die folgenden Beispiele zeigen Arpeggien, Anschlagmuster und Fills in der offenen a-Moll-Form. Mit dem Kapodaster auf dem 4. Bund spielst du in der Tonart c#-Moll. Beachte, dass diese Beispiele den C-Dur-Fills ähnlich sind.

Beispiel 3w

Beispiel 3x

Beispiel 3y

Der Wechsel zwischen einem gehaltenen Akkord und einem Fill ist eine sehr effektive Möglichkeit, Rhythmus- und Soloideen zu kombinieren. Schau dir die Songs an, an denen du gerade arbeitest, wo kannst du Fills zwischen deinen Schlagmustern hinzufügen?

Beispiel 3z

Offene e-Moll-Form Fills

Spiele nun diese Beispiele basierend auf der offenen e-Moll-Akkordform. Mit dem Kapodaster auf dem 4. Bund entsteht so ein gis-Moll-Akkord.

Beispiel 3za

Beispiel 3zb

Beispiel 3zc

Beispiel 3zd

Offene d-Moll-Form Fills

Die letzten Beispiele in diesem Kapitel sind in der offenen d-Moll-Form gespielt. Da der Kapodaster auf dem 4. Bund platziert ist, erzeugt er einen fis-Moll-Akkord. Hör dir das Audio an, bevor du jedes Beispiel spielst.

Beispiel 3ze

Zwei Takte Strumming gefolgt von zwei Takten Arpeggios mit einer einzigen Note ist eine großartige Möglichkeit, deine rhythmischen Muster zu vermischen.

Beispiel 3zf

Beispiel 3zg

Beispiel 3zh

Unverzichtbare Kapodaster-Songs

Hier sind einige meiner Lieblings-Gitarrenlieder, die einen Kapodaster verwenden.

John Mayer – Queen of California

Martin Tallstrom – Summer Breeze

The Eagles – Hotel California

The Beatles – Here Comes the Sun

James Taylor – Fire and Rain

Razorlight – America

Jeff Buckley – Hallelujah

Zweiter Abschnitt: Blues

Kapitel Vier – Blues Teil Eins

Nachdem du die Grundlagen der offenen Akkorde von Dur und Moll beherrschst, konzentrieren wir uns auf die Kombination von Rhythmus- und Solo-Licks in einem Blues-Kontext.

In diesem Kapitel werden wir ein traditionelles 12 Takt Blues-Muster in A analysieren. Dieses Muster ist die Grundlage für Tausende von Blues- und Rock-Songs und die am häufigsten gespielte Sequenz bei Jamsessions. Indem du alle Ideen in diesem Kapitel übst, gewinnst du das Selbstvertrauen und die Flüssigkeit, um dein Spiel vorbereitet und flüssig klingen zu lassen.

Für weitere Informationen über den Aufbau eines 12 Takt Blues siehe Joseph Alexanders Buch **Blues-Gitarre – The Complete Guide: Teil Eins - Rhythmus-Gitarre**.

Wichtige Punkte, auf die du dich in diesem Kapitel konzentrieren solltest

- Lerne die 12 Takt Blues-Struktur auswendig.

- Spiele die 12 Takt Blues-Riffs ohne irgendwelche Gitarrensoli.

- Lerne die Lead-Gitarren-Licks.

- Übe, abwechselnd zwischen einem Riff und einem Lead-Takt zu wechseln.

- Übe den Wechsel zwischen einem Lead-Takt und einem Riff-Takt.

- Spiele den 12 Takt Blues in mehreren Tonarten.

- Spiele mit einer Band oder mit mindestens einem anderen Musiker.

Beispiel 4a zeigt einen traditionellen 12 Takt Blues in der Tonart A. Die meisten der in diesem Kapitel vorgestellten Beispiele verwenden einen Shuffle-Rhythmus. Sage die Phrase „chunka-chunka", um dein Gehirn darauf vorzubereiten, wie es gespielt werden soll. Das Wichtigste, was man lernen muss, ist, wie die Struktur eines 12 Takt Blues funktioniert. Verbringe Zeit damit, die Ablauf zu lernen, bevor du versuchst, diese Beispiele zu spielen.

Beispiel 4a

Zuerst erkunden wir einen allgemein üblichen Weg, um dem Haupttriff eine Variation hinzuzufügen. Obwohl ich dieses Riff nur in A geschrieben habe, kannst du es auch in D und E verschieben und mit dem vollen 12 Takt Bluesmuster spielen, das oben zu sehen ist.

Beispiel 4b

Diese nächste Variante erinnert an Eric Clapton. Stelle sicher, dass du sie auch in die Tonarten D und E bewegst und spiele sie durch den gesamten 12 Takt Blues-Zyklus.

Beispiel 4c

Hier ist eine weitere gängige Riffvariante, die von Gitarristen wie Stevie Ray Vaughan und B.B. King verwendet wird.

Beispiel 4d

Beispiel 4e ist eine vierte Variante des ursprünglichen 12 Takt Blues-Riffs. Nimm dir die Zeit, deine eigenen Riffmuster zu erstellen, sobald du mit den Patterns in diesem Kapitel vertraut bist.

Beispiel 4e

Spiele den offenen A-Mini Powerchord, bevor du diesen gängigen Blues-Lick in A hinzufügst. Höre, wie ich das Vibrato auf der entsprechenden Audiospur spiele.

Beispiel 4f

Hier ist eine weitere coole Idee, die dich inspirieren soll, zwischen einem offenen A5-Mini Powerchord und einem Blues-Lick in A zu wechseln.

Beispiel 4g

In einem 12 Takt Blues gibt es oft einen Takt (oder zwei), der wieder zum Anfang des Ablaufes führt, was als „Turnaround" bezeichnet wird. Beispiel 4h hebt den Turnaround hervor, der in Beispiel 4i verwendet wird.

Beispiel 4h

Nachdem du die Rhythmus- und Solo-Elemente einzeln gemeistert hast, ist es an der Zeit, sie zu einem vollen 12 Takt Blues zusammenzufügen. Wechsle zwischen einem rhythmischen Takt des 12 Takt Riff-Musters und den Fills der Lead-Gitarre in A, D und E. Du wirst feststellen, dass ich, anstatt alle Fills in der Tonart A zu spielen, sie das Griffbrett nach oben zu D und E verschoben habe, wo es im Ablauf erforderlich war.

Beispiel 4i

Patterns zu lernen, in denen Leersaiten verwendet werden, ist großartig. Wie in Kapitel drei beschrieben, kannst du ein Kapodaster verwenden, um diese dann auch in verschiedenen Tonarten zu spielen. Ein verschiebbares 12 Takt-Muster kannst du dann in jeder beliebigen Tonart spielen.

Um die ganzen 12 Takte des Blues-Pattern zu spielen, verschiebe die erste Form auf den 10. Bund (Tiefe E-Saite) für die Takte von D und auf den 12. Bund (Tiefe E-Saite) für die Takte von E. Wenn du dir nicht sicher bist, was die gesamte 12 Takt-Struktur angeht, sieh am Anfang des Kapitels nach.

Beispiel 4j

Hier sind einige Licks, die du als Fills in dem 12 Takt Blues-Riffs verwenden kannst. Beispiel 4k ist ein klassischer Blues-Rock-Lick, der an AC/DC erinnert und die a-Moll-Pentatonik verwendet.

Beispiel 4k

Beispiel 4l verwendet auch die a-Moll-Pentatonik mit Triolen-Gefühl. Wenn du Schwierigkeiten hast, einen Triolen-Rhythmus zu zählen, verwende ein dreisilbiges Wort, meine Präferenz ist El-e-fant.

Beispiel 4l

Hier ist ein Lick, der oft vom König des Texas-Blues, Stevie Ray Vaughan, verwendet wird.

Beispiel 4m

Der letzte Lick in diesem Abschnitt ist im Stil von Eric Clapton.

Beispiel 4n

Beispiel 4o kombiniert Licks der Moll-Pentatonik, 12 Takt Blues-Riffs und einen Turnaround zu einem kompletten 12 Takt Blues-Stück.

Beispiel 4o

„Riffy" 12 Takt Blues

Im nächsten Satz des 12 Takt Blues-Musters lernst du ein Riff, das du unisono (dieselben Töne) mit einem Bassisten spielen kannst, um einen volleren Sound zu erreichen.

Beispiel 4p zeigt eine Sequenz mit einem coolen Riff. Für diejenigen von euch, die in einer Band spielen, spielt in der Probe dieses Riff mit eurem Bassisten zusammen.

Beispiel 4p

Beispiel 4q zeigt die verschiebbare Blues-Skala in der Tonart A.

Beispiel 4q

Wir können das Original-Riff anpassen, um einige interessante Variationen zu erstellen.

Beispiel 4r

Beispiel 4s

Hier ist ein klassischer Blues-Skala-Lick, der von Jimi Hendrix verwendet wird.

Beispiel 4t

Beispiel 4u und 4v zeigen zwei weitere klassische Blues-Rock-Licks, die du zu deinem Lick-Fundus hinzufügen kannst.

Beispiel 4u

Beispiel 4v

Zu Beginn des Kapitels habe ich dir gezeigt, wie ein Turnaround den 12 Takt Blues-Ablauf wieder zum ersten Takt bringt. Hier ist eine Umkehrung mit drei 7er-Akkorden: D7, Eb7 und E7.

Beispiel 4w

Jetzt mal nur aus Spaß! Beispiel 4x verwendet Riffs, Fills und eine Turnaround-Idee, um Rhythmus- und Solospiel zu einem Ein-Gitarren-Arrangement zu verbinden.

Beispiel 4x

Beispiel 4y zeigt einen Double-Stop Fill mit der a-Moll-Pentatonik auf den Saiten G und B.

A Minor Pentatonic - G and B Strings Only

Beispiel 4y

Meine bevorzugte Art, meinen Soli Farbe zu verleihen, ist der Wechsel zwischen einzelnen Noten und Double-Stops. Beispiel 4z zeigt diesen Ansatz.

Beispiel 4z

In Takt eins von Beispiel 4za habe ich einen Double-Stop Lick mit Tönen der A Blues-Skala erstellt. In Takt zwei habe ich einen Turnaround kreiert, der einen E7#9-Akkord verwendet. Dieser wird allgemein als der ‚Hendrix-Akkord' bezeichnet.

Beispiel 4za

Beispiel 4zb kombiniert alle Ideen aus der zweiten Hälfte dieses Kapitels zu einem 12 Takt Blues- Arrangement. Ich empfehle, dir die Audiospur ein paar Mal anzuhören, bevor du zum nächsten Beispiel übergehst.

Beispiel 4zb

Inzwischen solltest du mit der 12 Takt Blues-Struktur vertraut sein, wie man Riffs erstellt und sie mit Licks mischt. Der 12 Takt Blues wird die Grundlage für viele zukünftige Kapitel bilden, also achte darauf, dass du dich darin sicher fühlst, bevor du weitermachst.

Kapitel Fünf – Moll-Blues

Eine beliebte Modifikation des traditionellen 12 Takt Blues ist der Moll-Blues. Der dunklere, traurigere Ton, der sich daraus ergibt, ist bei Gitarristen beliebt, die lieber mit Moll-Skalen spielen. Bevor du dich durch die Beispiele in diesem Kapitel bewegst, schau dir den Blues-Klassiker ‚The Thrill Is Gone' der Blues-Gitarrenlegende B.B. King an, um eine Vorstellung davon zu erhalten, wie ein Moll-Blues klingt.

Ziele für dieses Kapitel

Hör die Beispiele mindestens zweimal an, bevor du sie spielst.

Lerne die Moll-Blues-Struktur auswendig.

Spiele die einzelnen Moll-Blues-Arpeggien.

Lerne die einzelnen Lead-Gitarren-Licks.

Übe, abwechselnd einen Arpeggio- und einen Lead-Takt zu verwenden.

Übe den Wechsel zwischen einem Lead-Takt und einem Arpeggio-Takt.

Spiele einen halben Takt Arpeggio und einen halben Takt Lead.

Spiele einen halben Takt Lead und einen halben Takt Arpeggio.

Spiele den Moll-Blues in mehreren Tonarten.

Spiele mit einer Band oder mindestens einem anderen Musiker.

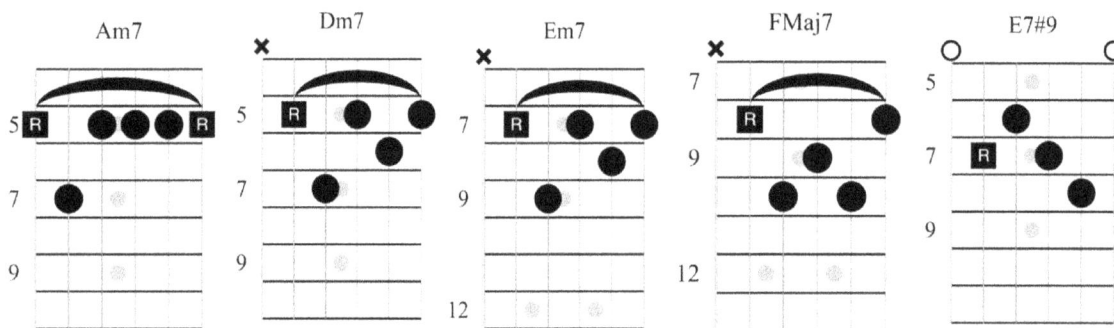

Beispiel 5a zeigt die 12 Takt Moll-Blues-Akkorde in der Tonart A. Es verwendet die Akkorde von Am7, Dm7, Em7, FMaj7 und E7#9. Wenn du mit diesen Barré-Akkordformen nicht vertraut bist, schaue dir die Griffbrettdiagramme oben an und lerne die Formen, bevor du fortfährst.

Beispiel 5a

Eine Möglichkeit, dein Rhythmusgitarren-Spiel zu beleben, ist die Verwendung von Arpeggio-Mustern. Ein Arpeggio ist einfach ein gebrochener Akkord, so dass du jedes Mal, wenn du die Noten eines Akkords einzeln und nacheinander anspielst, ein Arpeggio spielst. Wie immer, beginnst du langsam mit einem Metronom und achtest darauf, sauber zu spielen, bevor du die Geschwindigkeit erhöhst.

Beispiel 5b

Die Moll-Pentatonik und die Blues-Skala können beide zur Begleitung des Moll-Blues verwendet werden. Zur Variation habe ich die natürliche Molltonleiter in A (A B C D E F G) genommen, die einen dunkleren Ton hat als ihr pentatonisches Gegenstück haben. Hör dir das Solo in ‚Stairway to Heaven' von Led Zeppelin an, welches viele schöne a-Natürlich-Moll-Licks beinhaltet.

A Natural Minor

Beispiel 5c

Dieser Lick kombiniert die natürliche Molltonleiter in A und die A-Blues-Skala zu einem geschmeidigen Blues-Rock-Lick.

Beispiel 5d

Indem du die gleiche Melodie über mehrere Oktaven spielst, kannst du längere Melodielinien in deinem Solospiel erzeugen. Beispiel 5e verwendet die A-Blues-Skala, um dies zu erreichen.

Beispiel 5e

Beispiel 5f verwendet die Noten C, E und G, um ein a-Moll-7-Arpeggio zu spielen, bevor es die A-Blues-Skala verwendet, um den Lick zu vervollständigen und zu beenden.

Beispiel 5f

Spiele diesen a-Moll Pentatonik Double-Stop Lick auf der B- und E-Saite. Achte darauf, dass du den Slide zwischen dem 8. und 10. Bund nicht übertreibst.

Beispiel 5g

Hier ist ein bluesiger Double-Stop Lick, der die natürliche a-Moll-Tonleiter (A B C D E F G) auf den Saiten G und B verwendet.

Beispiel 5h

In Beispiel 5i habe ich eine Double-Stop-Phrase erstellt, die auf einem e-Moll-7-Akkord im Stil von Jimi Hendrix basiert.

Beispiel 5i

Durch das Hinzufügen von Slides, Arpeggio und Überspringen einer Saite zu einem E7#9-Akkord kannst du mit wenig Aufwand einen interessanten Lick erstellen.

Beispiel 5j

In Beispiel 5k möchte ich die so genannte ‚Django-Reinhardt-Technik' vorstellen: Indem du bei jedem einzelnen Ton des Akkordes E7#9 einen Halbton (einen Bund) tiefer ansetzt, bevor die Auflösung hin zu einem Akkordton folgt, kannst du einen jazzigen Sound erzeugen. Du kannst auch jeden Ton des Akkordes einen Halbton höher ansetzen und dann zum Akkordton gehen.

Beispiel 5k

Nachdem du nun einige Akkorde und Licks eines Moll-Blues gelernt hast, ist es an der Zeit, alles zusammenzubringen. Achte darauf, langsam mit etwa 50 bpm mit einem Metronom zu beginnen. Erhöhe das Tempo des Metronoms nur, wenn du alles perfekt spielen kannst.

Beispiel 5l ist mein Lieblingsbeispiel in diesem Buch und etwas, das ich regelmäßig zum Aufwärmen spiele.

Beispiel 5l

Bisher habe ich mich darauf konzentriert, die Grundlagen für gute Rhythmus- und Lead-Fills in einer Tonart darzustellen. Wenn du dich in der Kombination von Rhythmus- und Leadgitarre weiterentwickelst, wirst du feststellen, dass du oft verschiedene Skalen innerhalb eines Musikstücks verwenden kannst. Unser Moll-Blues liegt in der Tonart a-Moll, enthält aber zwei weitere Moll-Akkorde: d-Moll und e-Moll. Anstatt a-Moll-Fills über diesen Takten zu spielen, kannst du d-Moll-Fills über d-Moll spielen, und e-Moll-Fills über e-Moll.

Unten in Beispiel 5n ist die D-Blues-Skala (D F G Ab A C) mit dem Grundton auf der A-Saite dargestellt.

Beispiel 5m

Spiele die E-Blues-Skala (E G A Bb B D) ab dem 7. Bund der A-Saite. Beachte, dass es die gleiche Skala ist wie im vorherigen Beispiel, die zwei Bünde höher gespielt wird.

Beispiel 5n

Hier ist ein d-Moll-Lick.

Beispiel 5o

Dieser bluesige d-Moll-Lick erinnert an Mark Knopfler's Spiel.

Beispiel 5p

Was mir am Gitarre spielen mit am besten gefällt: dass man einen neuen Lick in jeder Tonart spielen kann, indem man denselben Lick einfach in einem anderen Bund beginnt. Hier ist dieser d-Moll-Lick, der in e-Moll gespielt wird.

Beispiel 5q

Meine Schüler mögen es, meine Licks zu "stehlen", und das ist ein klassischer A-Blues-Skala-Lick, den ich schon sehr lange benutze.

Beispiel 5r

Hier ist ein weiterer A-Blues-Lick, diesmal im Stil von John Mayer.

Beispiel 5s

Vorhin habe ich gezeigt, wie man über einen E7#9-Akkord Solo spielt, indem ich mich jedem der Akkordtöne mit einem Halbton tiefer oder höher annähere. Ein gängiger Trick ist es, diese Ansätze zu kombinieren.

Beispiel 5t

Ein halber Takt Solomelodie gemischt mit einem halben Takt Arpeggios ist eine weitere Möglichkeit, melodische Spannung zu erzeugen. Schau dir an, wie ich das in Beispiel 5v mache.

Beispiel 5u

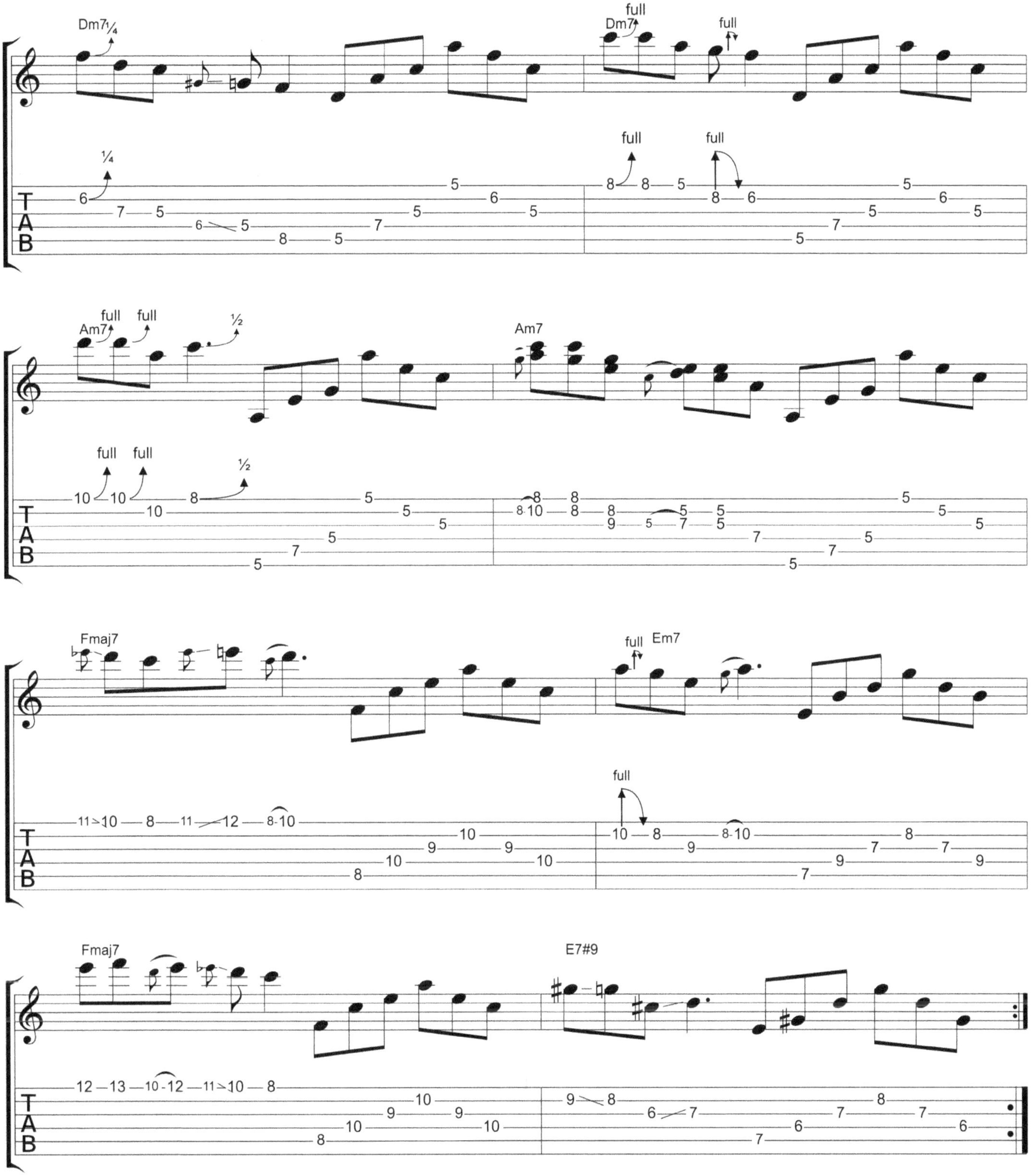
Dm7
Dm7
Am7
Am7
Fmaj7
Em7
Fmaj7
E7#9

Kapitel Sechs – Gospel Blues

Es ist jetzt an der Zeit, eine weitere beliebte Blues-Struktur zu spielen: Gospel Blues. Ich habe dies wieder in der Tonart A aufgeschrieben, aber du kannst dieses Muster in jede beliebige Tonart verschieben.

Bevor du dich in das Erlernen der Fills und Licks stürzt, verbringe Zeit damit, die unten gezeigten Akkordformen zu beherrschen. Denke daran, dass das rhythmische Element der wichtigste Teil ist, wobei die Fills das Tüpfelchen auf dem i sind.

Mach es dir zur Priorität, die zugehörigen Audiospuren anzuhören, bevor du jedes Beispiel lernst. Dies wird dir helfen, dich besser auf dein Ohr zu verlassen. Denke daran: Wenn es gut klingt, ist es gut.

Wesentliche Elemente aus diesem Kapitel

- Lerne die Gospel Blues-Akkorde.

- Lerne den Ablauf des Gospel Blues.

- Mach dich mit den rhythmischen Variationen der Gospel Blues-Abläufe vertraut.

- Lerne die Skalenformen A Mixolydisch, D Mixolydisch und E Mixolydisch.

- Spiel die Licks, die in den Skalenformen A Mixolydisch, D Mixolydisch und E Mixolydisch geschrieben wurden.

- Erstelle deine eigenen Licks in den mixolydischen Skalenformen.

- Viel Spaß beim Kombinieren der Gospel Blues-Akkorde mit neuem Lick-Vokabular.

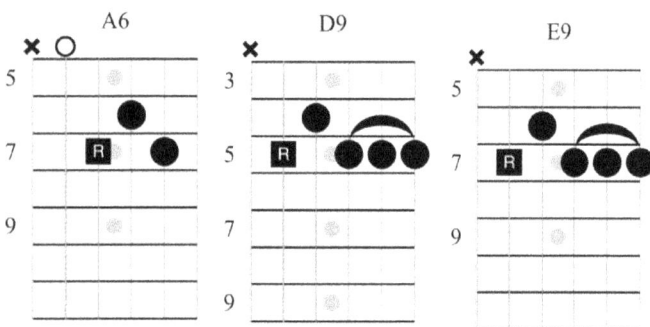

Beispiel 6a zeigt die vollständige 12 Takt Gospel Blues-Akkordfolge, die mit einem Akkord pro Takt gespielt wird.

Beispiel 6a

Du kannst die Grundton-Note einzeln spielen, bevor du jeden Akkord verschiebst und arpeggierst. Beispiel 6b bringt Leben in dein Spiel.

Beispiel 6b

Die mixolydische Skala in A (A B C# D E F# G) ist eine perfekte Ergänzung zur Gospel Blues-Akkordfolge.

Beispiel 6c

A-mixolydischer Lick-Wortschatz

Hör dir das Audio an und lerne dann diese vier mixolydischen Licks, die für die Gospel Blues-Akkordfolge verwendet werden können.

Beispiel 6d

Beispiel 6e

Beispiel 6f

Beispiel 6g

Jetzt hast du diese A-mixolydischen Licks gelernt, es ist nun an der Zeit, sie in die Akkorde des Gospel Blues zu integrieren. Beginne langsam mit etwa 50 Schlägen pro Minute, da es hier viel zu verarbeiten gibt.

Beispiel 6h

Über die D9-Akkorde kann man die D-mixolydische Skala verwenden.

Beispiel 6i

D-mixolydische Tonleiter-Licks

Füge diese D-mixolydischen Licks zu deinem Vokabular hinzu.

Beispiel 6j

Beispiel 6k

Über die Takte von E9 in der Gospel Blues-Progression kannst du die E-mixolydische Skala spielen.

Beispiel 6l

E-mixolydische Tonleiter-Licks

Lerne diese beiden E-mixolydischen Tonleiter-Licks, die über jedem E9 Takt gespielt werden können.

Beispiel 6m

Beispiel 6n

Beispiel 6o kombiniert alles in diesem Kapitel. Ich beginne mit einem Solo-Lick und wechsle nach einem halben Takt Solo zu einem halben Takt mit Akkorden. Du kannst dies natürlich auch andersherum spielen oder nach einem ganzen Takt zwischen Rhythmus und Solo wechseln.

Beispiel 6o

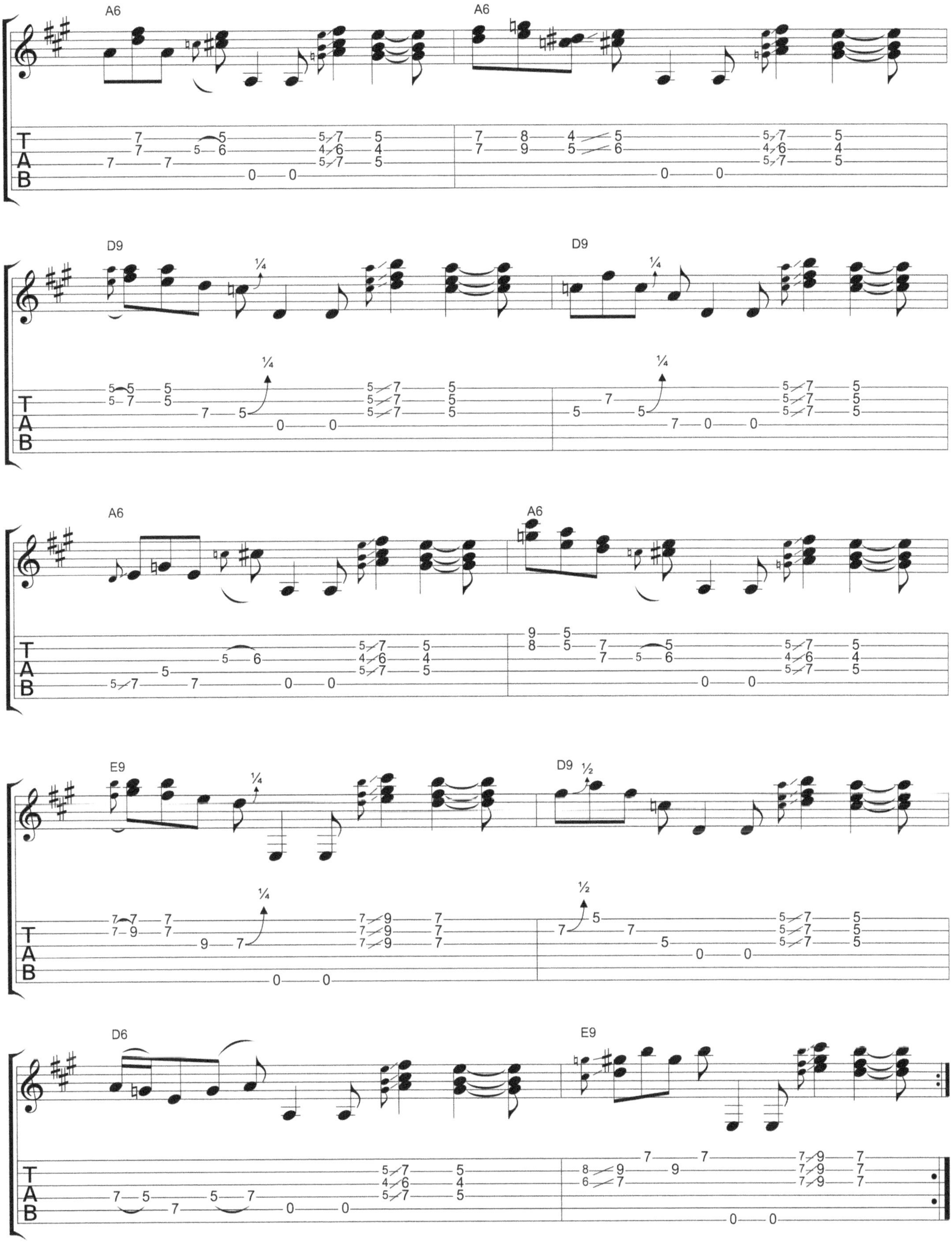
A6
A6
D9
D9
A6
A6
E9
D9
D6
E9

Beginne damit, jedes Beispiel wieder sehr langsam mit dem Metronom auf 50 bpm zu spielen, und stelle sicher, dass jede Note sauber und klar klingt. Achte auf deine Schlaghand und prüfe, ob du die erforderliche „ab, auf"-Wechselschlagtechnik anwendest.

Wenn du ein Beispiel dreimal hintereinander bei 50 bpm perfekt spielen kannst, erhöhe die Geschwindigkeit des Metronoms auf 53 bpm. Erhöhe nach und nach die Geschwindigkeit des Metronoms weiter um 3 Schläge, bis du zu einer Sollgeschwindigkeit von 80 bpm+ gelangst.

Achte darauf, dass du die Geschwindigkeit erst dann erhöhst, wenn du den Lick präzise gespielt hast.

Ich benutze die Tempo-App (von Frozen Ape) auf meinem Handy. Ich weiß, dass ich immer mein Handy bei mir haben werde, also habe ich keine Ausrede, ohne Metronom zu üben.

Abschnitt 3: Rock

Kapitel Sieben – Zweiklang-Powerchords

Der dritte Abschnitt in diesem Buch konzentriert sich auf die Kombination von Rhythmus- und Sologitarre in der Rockmusik. In diesem Kapitel werde ich dir zeigen, wie man fantastische Rock-Patterns baut, die Powerchords mit zwei Noten verwenden. Als Akkord geschrieben, bedeutet eine ‚5‘, dass es ein Powerchord ist. Powerchords können verwendet werden, um sowohl Dur- als auch Moll-Akkorde zu ersetzen. Zum Beispiel könnte ein D5-Powerchord entweder einen D-Dur- oder einen d-Moll-Akkord ersetzen.

In den folgenden Beispielen wirst du eine d-Moll-Pentatonik zwischen den Akkorden verwenden, um Mini-Fills und Licks zu erzeugen.

Wie bei allen Akkorden auf der Gitarre gibt es mehrere Möglichkeiten, Powerchords zu spielen. In Beispiel 7a ist die D5-Powerchord-Form mit einem Grundton auf den E-, A- und D-Saiten dargestellt. Lass uns beginnen!

Beispiel 7a

Zwischen den Powerchords von D5, C5, Bb5 und C5 werden vier abgedämpfte Strums gespielt, um dem Schlagmuster ein perkussives Gefühl zu verleihen. Manchmal erzeugt ein perkussiver Fill genauso viel Spannung wie einer, der auf einem Lick basiert.

Beispiel 7b

Beispiel 7c zeigt die Akkordfolge mit allen Powerchords, die auf der 5. Saite gespielt werden.

Beispiel 7c

Spiele nun das Schlagmuster mit den Powerchords auf der D-Saite.

Beispiel 7d

Beispiel 7e zeigt die d-Moll-Pentatonik, die für die Fills im weiteren Verlauf dieses Kapitels verwendet wird.

Beispiel 7e

Durch das Hinzufügen einer Note zwischen den einzelnen Akkorden können wir ein „Call and Response"-Muster (Ruf und Antwort) erstellen. Die Powerchords rufen und die Note F antwortet.

Beispiel 7f

Auf der Zählzeit vier im Beispiel 7g fügen wir einen Hammer-On-Fill hinzu.

Beispiel 7g

Dieses Beispiel wechselt zwischen einem Pull-Off- und einem Hammer-On-Muster.

Beispiel 7h

Slides sind ein hervorragendes Werkzeug, um eine melodische Verbindung zwischen den Akkorden herzustellen:

Beispiel 7i

Beispiel 7j zeigt ein weiteres Slide-Beispiel mit den Fills auf den Saiten G und B.

Beispiel 7j

Bending, das Ziehen einer Saite, ist eine wichtige Technik in der Rockmusik! Sie in dieser Sequenz zu spielen, klingt fantastisch. Wenn du mehr Informationen über alle Arten von Bendings kennenlernen möchtest, schau dir unbedingt mein Buch Melodische Rocksolos für Gitarre an.

Beispiel 7k

Ich empfehle, die Bendings in Beispiel 7l alleine zu üben, bevor du sie in die nachfolgenden Beispiele einfügst.

Beispiel 7l

Die folgenden beiden Beispiele verwenden Double-Stops zwischen den einzelnen Powerchords.

Beispiel 7m

Beispiel 7n

Als nächstes kommen die Fills vor den Powerchords. In Beispiel 7o kommt ein Vibrato auf dem Ton F auf der G-Saite im 10. Bund hinzu (hier auf den Zählzeiten 1 und 3).

Beispiel 7o

In Beispiel 7p spielst du die Legato-Fills vor den Powerchords.

Beispiel 7p

Wenn du Schwierigkeiten hast, die Übergänge zwischen Fills und Akkorden sauber zu spielen, spiele sie langsamer und übe sie einzeln, bevor du sie miteinander verbindest.

Beispiel 7q

Die Verwendung von Bendings vor Powerchords kann rau und aggressiv klingen.

Beispiel 7r

Ich liebe es sehr, Double-Stops mit der Slide-Technik zu spielen. Sie sind eine meiner Lieblingstechniken, um Fills zwischen den Akkorden zu spielen. Beispiel 7s zeigt diese Idee vor jedem Powerchord.

Beispiel 7s

Neben dem Spielen der d-Moll-Pentatonik mit dem Grundton auf der E-Saite, ist es wichtig, sie mit dem Grundton auf der A-Saite zu erlernen.

Beispiel 7t

Als nächstes wähle ich meine Lieblingsmuster aus und spiele sie mit einem Grundton auf der A-Saite, um dir zu zeigen, wie man in verschiedenen Bereichen des Griffbretts spielt.

Beispiel 7u

Beispiel 7v

Beispiel 7w

Beispiel 7x

Beliebte Powerchord Songs

- White Stripes - Seven Nation Army (Wenn normal gestimmt wird)

- Green Day – American Idiot

- The Kinks – You Really Got Me

- Blink-182 – All the Small Things

- Lenny Kravitz – Fly Away

- Nirvana – Smells like Teen Spirit

- Scorpions – Rock You Like a Hurricane

Schaue dir diese an und wende die in diesem Kapitel beschriebenen Techniken an.

Kapitel Acht – Powerchords Teil Zwei

In diesem Kapitel zeige ich dir, wie du Powerchords mit drei Noten spielen und zwischen Rhythmus- und Lead-Fills wechseln kannst.

Der Drei-Ton-Powerchord klingt voller als sein Zwei-Ton-Pendant und eignet sich eher für übersteuerte oder verzerrte Sounds. Ein versierter Powerchord-Gitarrist zu sein, ist eine der nützlichsten Fähigkeiten, die man bei einer Jam-Session haben kann.

Die Beispiele in diesem Kapitel befinden sich in der Tonart B und zeigen die Verwendung von Powerchords und Fills mit Dur- und Moll-Akkorden.

Beispiel 8a zeigt, wie man einen B5-Powerchord mit dem Grundton auf den E, A, D und G-Saiten spielt. Die Formen, die auf den D- und den G-Saiten gespielt werden, sind vielleicht weniger vertraut, aber ebenso nützlich.

Beispiel 8a

Die nächsten Beispiele zeigen drei verschiedene Möglichkeiten, die gleiche Powerchord-Sequenz von B5, G5, D5 und A5 zu spielen. Wenn du denkst, du spielst immer wieder die gleichen Sachen, können die verschieden Powerchord-Varianten dir helfen, aus dem vertrauten Fahrwasser auszubrechen.

Beispiel 8b

Beispiel 8c

Beispiel 8d

Beispiel 8e zeigt alle vier Formen der Powerchords B5, G5, D5 und A5. Daraus kannst du deine eigenen Muster erstellen und diese nach deinen Wünschen verknüpfen.

Beispiel 8e

Vokabular für b-Moll Licks

In den nächsten Beispielen wirst du einige grundlegende Rock-Licks kennen lernen, die du mit Rock-Powerchords verbinden kannst. Neben der Verwendung der Ideen, die ich dir gezeigt habe, versuche, dir deine eigenen auszudenken.

Beispiel 8f zeigt einen klassischen Blues-Rock Lick, der von Gitarristen wie Angus Young und Joe Satriani verwendet wird. Verwende das Griffbrettdiagramm der b-Moll-Pentatonik als Vorlage.

B Minor Pentatonic

Beispiel 8f

Hier ist ein weiterer typischer Blues-Lick, der an B.B. King erinnert.

Beispiel 8g

Die natürliche b-Moll-Skala fügt die Noten C# und G zur b-Moll-Pentatonik hinzu und hat einen typischen Rocksound. Die nächsten beiden Beispiele verwenden diese Skala.

B Natural Minor

Beispiel 8h

Beispiel 8i

Beispiel 8j

Beispiel 8k

Beispiel 8l

Beispiel 8m

Wenn du beim Solospiel eine Saite überspringst (String-skip) und z. B. von der D-Saite direkt zur B-Saite gehst, bekommt der Lick eine bluesige Färbung.

Beispiel 8n

Für weitere Licks in diesem Stil schau dir unbedingt mein Buch Melodische Rocksolos für Gitarre an.

Beispiel 8o

Wenn du das ganze Buch methodisch durchgearbeitet hast, wird dir jetzt bewusst sein, dass das Zusammenspiel von Rhythmus- und Solopatterns gut harmoniert. Die Takte eins und drei zeigen einen B5- und D5-Powerchord, gespielt in einem typischen Rock-Rhythmus. Die Takte zwei und vier verwenden Töne der b-Moll-Pentatonik und b-Moll-Blues-Skala.

Beispiel 8p

Als Gitarristen konzentrieren wir uns in der Regel auf Moll-Sounds, aber es ist wichtig zu wissen, wie man auch Dur-Klänge integriert. Beispiel 8q zeigt eine Akkordfolge von B5, F#5, G#5 und E5, einem gängigen Pop-Rock-Muster. Denke daran: Meine Ideen dienen dir als Leitfaden und du kannst jedes Beispiel nach deinem eigenen Geschmack verändern.

Beispiel 8q

Vokabular für B-Dur Licks

Lerne folgende Licks der B-Dur-Skala und verwende das Griffbrettdiagramm unten als Vorlage.

B Major Pentatonic

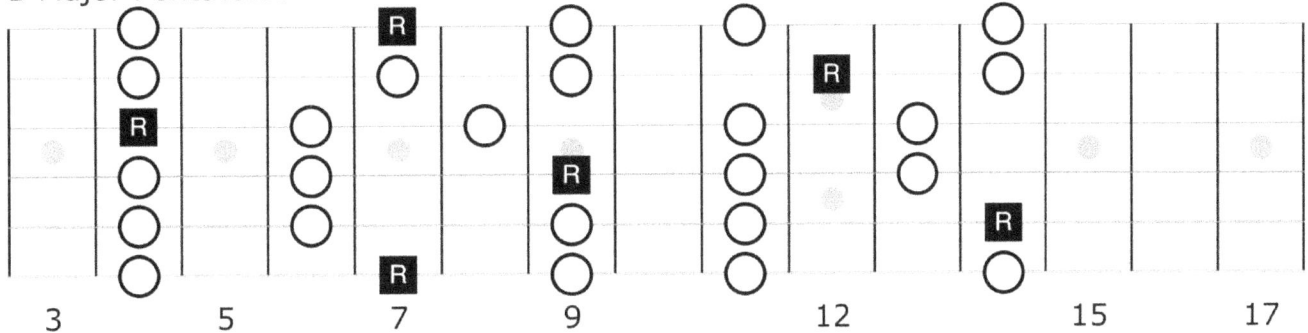

Beispiel 8r

Beispiel 8s

Beginne langsam und achte auf die Anschlagrichtung des Plektrums, wenn du die Legato-Technik in den nächsten beiden Beispielen spielst. Verwende ein Metronom mit etwa 50 bpm und erhöhe das Tempo erst, wenn du die Sequenz dreimal hintereinander sicher spielen kannst.

Beispiel 8t

Beispiel 8u

Dieser einfache Double-Stop-Lick ist leicht zu merken und funktioniert hervorragend als Fill zwischen den Powerchords.

Beispiel 8v

Beispiel 8w

Beispiel 8x

Beispiel 8y

Beispiel 8z kombiniert die Dur-Powerchord-Sequenz von B5, F#5, G#5, E5 mit einer Mischung aus B-Dur-Pentatonik-Licks und Phrasen aus früheren Kapiteln.

Beispiel 8z

Eine extrem coole Variante eines Powerchords ist eine Form, welche ich als ‚Der add9 Powerchord‘ bezeichne. Andy Summers machte die Akkorde durch das Lied ‚Message in a Bottle‘ von The Police berühmt. Der Add9 Powerchord (to add = hinzufügen) klingt großartig mit oder ohne Verzerrung und kann auch für Dur- oder Moll-Akkorde verwendet werden. Es ist im Grunde einfach: füge die None der Dur-Tonleiter dem ursprünglichen Akkord hinzu. Im Falle von B ist es die Note C#.

Weitere Informationen zur Musiktheorie findest du in Joseph Alexanders Buch Moderne Musiktheorie für Gitarristen.

Beispiel 8za

Ein weiterer Powerchord, mit dem du experimentieren kannst, wird in Beispiel 8zb gezeigt. Beliebt bei Rock- und Popbands, hat diese dreitönige Powerchord-Form einen vollen Sound. Man kann es sich als einen zweistimmigen E5 Powerchord mit B als Bassnote vorstellen.

Beispiel 8zb

Beispiel 8zc zeigt eine Akkordfolge im Stil von The Police mit einem Arpeggio-Muster. Ich empfehle, die Mitteltöne der Akkorde mit dem zweiten Finger zu spielen, nicht mit dem dritten.

Beispiel 8zc

Während meines Studiums am Guitar Institute, schrieb ich diesen Riff namens ‚Space Travel'. Es verbindet die Powerchords Badd9 und Gadd9 mit Fills in b-Moll. Achte hier wieder besonders auf die Auf- und Abschlagrichtung mit dem Plektrum.

Beispiel 8zd

Die folgende zweistimmige Powerchordform nenne ich den ‚Brian May Übergangs-Akkord', da ich sie zum ersten Mal in der Melodie ‚One Vision' von Queen kennenlernte. Lass dich von dem Namen nicht beirren, betrachte ihn einfach als einen Übergangs-Akkord in b-Moll. Dies wird durch die Verwendung im Kontext deutlicher.

Beispiel 8ze

Dieses Beispiel kombiniert einen zweistimmigen B5 Powerchord, den Brian May Übergangs-Akkord und einen Fill in der b-Moll-Pentatonik.

Beispiel 8zf

Hier ist das gleiche Riff, das eine Saite höher gespielt wird.

Beispiel 8zg

Spiel nun die gleiche Sequenz, aber mit den Grundtönen auf der D-Saite.

Beispiel 8zh

Um die vielen Möglichkeiten einer Powerchord-Sequenz auf der Gitarre kennzulernen, spiele den Powerchord-Riff mit den Grundtönen diesmal auf der G-Saite.

Beispiel 8zi

Hier ist der Brian May Übergangs-Akkord als dreiteilige Form.

Beispiel 8zj

Powerchords, perkussiv gedämpfte Anschläge und ein b-Moll-Pentatonik-Fill bilden diese rockige viertaktige Phrase.

Beispiel 8zk

Eine gute Möglichkeit, eine Powerchord-Sequenz zu betonen, ist das Hinzufügen eines Fills am Ende jedes Taktes. Schon eine einzige Note, die mit Vibrato gespielt wird, kann deinem Spiel Spannung verleihen.

Beispiel 8zl

Das letzte Beispiel in diesem Kapitel verwendet eine B-Dur Powerchord-Sequenz mit Fills aus der B-Dur-Pentatonik.

Beispiel 8zm

Dieses Kapitel beinhaltet sehr viele Informationen, also nutze es und schau es dir immer mal wieder an. Finde Songs, die du mit Powerchords spielen kannst und fange an, Fills und Patterns einzufügen. Deine Übeeinheiten, Jamsessions und deine eigene Riff-Schreibentwicklung werden sich stark verändern und dein Spiel beeinflussen.

Kapitel Neun – Bordun-Ton

„Bordun" ist ein Halteton, der zur Begleitung einer Melodie erklingt. In diesem Kapitel geht es darum, einen Ton mit einer leeren Saite zu spielen und ihn so lange wie möglich erklingen zu lassen. Der Bordun fungiert als Grundton für dich, um den du deine Solo-Licks legst.

Die meisten Beispiele in diesem Kapitel werden über einen Bordunton auf der leeren tiefen E-Saite in Kombination mit den E-Blues-, E-Dur- und E-mixolydischen Skalen gespielt. Sobald du dich mit diesen Skalen und der Anwendung von Bordun-Tönen vertraut gemacht hast, kannst du sie auf alle anderen Skalenmuster und Formen übertragen, die du gerne spielst.

In Beispiel 9a spiele ich eine E Blues-Skala über mehrere Oktaven - immer mit einer klingenden tiefen E-Saite. Lasse sie so lange wie möglich klingen, währen du die Melodietöne darüber spielst. Möglicherweise musst du die tiefe E-Saite öfters anspielen, damit sie beim Spielen der Töne beständig klingt. Höre dir die Audiospur an, dann hörst du, was ich meine.

Beispiel 9a

Bands wie Metallica verwenden oft Bordun-Töne unter Powerchords, damit die Gitarren kraftvoll klingen. Anhand Beispiel 9b will ich es dir mit Tönen der E-Blues-Tonleiter veranschaulichen.

Beispiel 9b

Der E7#9-Akkord erinnert immer wieder an Jimi Hendrix und wird oft einfach nur als ‚der Hendrix-Akkord‘ bezeichnet. Die folgende Improvisation im Hendrix-Stil mischt Bordun-Töne, den Hendrix-Akkord, Töne der E-Blues-Skala und zweistimmige Powerchords.

Beispiel 9c

Beispiel 9d zeigt die Dreiklänge e-Moll, D-Dur und C-Dur ohne den ursprünglichen Grundton des jeweiligen Akkordes - dazwischen spiele ich Töne der E-Blues-Skala. Schau dir die folgenden Diagramme an, um zu sehen, wie du die Akkorde ohne den Grundton spielen kannst. Dadurch brauchst du den Zeigefinger für den Barréakkord nicht.

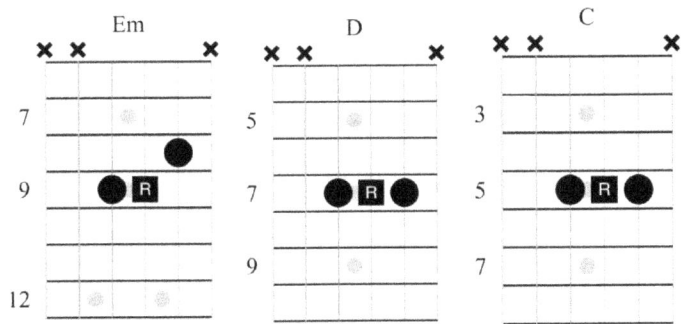

Beispiel 9d

Im nächsten Beispiel zeige ich dir, wie du Double-Stop-Pattern mit Tönen der E-Blues-Skala und der tiefen leeren E-Saite als Bordun-Ton anwenden kannst.

Beispiel 9e

Spiele nun eine E-Dur-Tonleiter über mehrere Oktaven und lass die leere E-Saite, sobald möglich, so lange wie möglich klingen. Spiele die Saite erneut an, wenn der Klang der Note nachlässt oder aufzuhören scheint.

Beispiel 9f

Folgender Lick der E-Dur-Tonleiter kombiniert Slides und Legato, während die leere E-Saite wieder als Bordun-Ton genutzt wird.

Beispiel 9g

Eine leere tiefe E-Saite als E-Bordun-Ton wird im Song ‚Buck Rogers' von Feeder gespielt. Das folgende Beispiel ist im Stil des ersten Riffs des Liedes und beinhaltet Slides und Vibratos.

Beispiel 9h

Das nächste Beispiel klingt gut, wenn man entweder mit Finger-Picking oder Hybrid-Picking (Pick und Finger) spielt. Die Kombination aus klingendem Bordun-Ton, Double-Stop und Flageoletttönen im 12. Bund erzeugt eine pfiffiges Pop-Rock-Pattern.

Beispiel 9i

In der Musik gibt es drei Haupttypen von Akkorden: Moll, Dur und Dominant 7. Die E-Blues-Tonleiter passt perfekt, um über alle e-Moll-Akkorde zu improvisieren, die E-Dur-Tonleiter über alle E-Dur-Akkorde und die E-mixolydische Skala über E7-Akkorde.

Durch das Spielen von Skalen, welche mit einem Bordun-Ton unterlegt sind und dem Spielen von Tonleitern über mehrere Oktaven, kannst du neue Wege beschreiten und Grenzen sprengen, die dich bisher in deinem Spiel eingeschränkt haben.

Beispiel 9j zeigt eine E-mixolydische Tonleiter mit einem tiefen E als Bordun-Note.

Beispiel 9j

Beispiel 9k erinnert an das Spiel von Slash. Es hat ein Funk-Rock-Feeling und verwendet einen Bordun-Ton kombiniert mit der E-mixolydischen Skala.

Beispiel 9k

Wenn du zum ersten Mal das Beispiel 9l übst, ignoriere erstmal die mit x notierten, stummen Töne. Höre dir das Audiobeispiel an und spiele es ohne die oben erwähnten Töne nach. Wenn du mit dem Pattern vertraut bist, übe das Pattern mit den sogenannten gemuteten, also stummen Tönen erneut.

Beispiel 9l

Vor Jahren, als Dubstep bekannt wurde, wurde ich von einem Musikproduzenten gebeten, einen Gitarrenpart zu den verschiedenen, von ihm kreierten, laut knurrenden Tönen des Dubstep zu schreiben. Es war eine Herausforderung für mich. Ich nahm als Bordun-Ton die leere D-Saite und ein Slide-Pattern, das die Akkorde von d-Moll, B und C beinhaltete.

Ich nannte dieses Stück ‚Dub City‘. Lass die leere D-Saite so weit wie möglich ausklingen und spiele den Slide sauber und präzise. Verwende Beispiele aus diesem Kapitel und benutze eine Leersaite deiner Wahl als Bordun-Ton, um dein eigenes Stück zu kreieren. Wenn du eine Tonart benötigst, welche nicht zu den vorhandenen Leersaiten passt, benutze das Kapodaster, um deine Tonart zu finden.

Beispiel 9m

Herzlichen Glückwunsch! Du hast es geschafft! Ich hoffe, du hast eine Fülle an neuer Ideen entdeckt, um dein Rhythmus- und Sologitarrenspiel miteinander zu verbinden zu können und an welchen du dich noch in den nächsten Jahren erfreust. Wie alles beim Gitarrenspiel erfordern diese Techniken Arbeit, aber wie ich immer sage, „Je mehr Zeit du dem Gitarrespielen widmest, desto besser wird es werden".

Checkliste

Nachdem du das Buch durchgearbeitet hast, mache den Test: Kannst du die folgenden Aufgaben lösen, ohne im Buch in den entsprechenden Kapitel nachschauen zu müssen? Wenn nicht, kein Grund zur Sorge; Nimm das Buch und schaue in den jeweiligen Kapiteln nach, um dein Wissen aufzufrischen und weiter zu festigen.

- Kannst du Licks mit offenen Dur- und Moll-Akkorden mischen?

- Kannst du einen Kapodaster benutzen und überall auf der Gitarre klingende Akkordfolgen erstellen?

- Verstehst du die 12 Takt Blues-Struktur?

- Kannst du Standard-, Moll- und Gospel-Blues-Progressionen spielen?

- Bist du selbstsicher mit zwei- und dreitönigen Powerchords, deren Aufbau und deren Anwendung?

Die Entwicklung deines Gitarrenspiels zu beobachten ist sehr wichtig und wird oft unterschätzt. Nimm immer wieder diese Checkliste zur Hand und arbeite auch an den Bereichen, in denen du dich noch nicht fit fühlst, anstatt dich nur auf die stärkeren Aspekte deines Spiels zu konzentrieren.

Fazit

Inzwischen hast du wahrscheinlich eine unglaubliche Menge an neuen Ideen und Möglichkeiten entwickelt. Ich empfehle dir, dein eigenes persönliches Video-Lick-Tagebuch erstellen, um immer wieder darauf zurückgreifen zu können. Filme deine Licks und schreibe sie, wenn möglich, in Standardnotation oder Tabulaturform auf. Auf diese Weise kannst du nicht nur sehen und hören, wie weit dein Spiel fortgeschritten ist. Du kannst auch nach Monaten noch Licks wiederfinden, die du vielleicht schon wieder vergessen hast.

Übe das, was du nicht weißt - nicht das, was du schon kannst! - Das ist einfach der beste Rat, den ich jedem Musiker geben kann. Verwende ein Metronom, um jedes Beispiel bestmöglich spielen zu können und verwende Begleitspuren, um einen musikbezogereren Ansatz für das Üben zu schaffen.

Ein wichtiges Ziel ist es, mit anderen Musikern zu spielen. Versuche also, während du dein Spiel weiterentwickelst, Zeit zu finden, um mit anderen Menschen zu jammen. Das Spielen mit anderen Musikern ist der beste Weg, um dein eigenes Spiel zu verbessern.

Meine Leidenschaft im Leben ist es, Menschen beizubringen, Gitarre zu spielen und sich über Ihr Spiel ausdrücken zu können. Wenn du Fragen hast, nimm bitte Kontakt mit mir auf und ich werde mein Bestes tun, um so schnell wie möglich zu antworten.

Du kannst mich unter simeypratt@gmail.com oder über den **YouTube-Kanal von Fundamental Changes** kontaktieren.

Viel Spaß dabei!

Pop-Quiz-Antworten

E G A Bb B D

Zwei Töne werden gleichzeitig gespielt

Beginne mit etwa 50 bpm mit einem Metronom, bevor du die Geschwindigkeit erhöhst.

A C D Eb E G